Pia Deges

DAS PFERDE- BASTELBUCH

Tierische Kreativideen
rund um Pferde

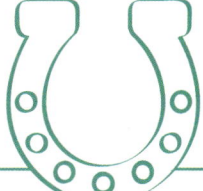

INHALT

GRUNDANLEITUNG

VORLAGEN ÜBERTRAGEN

Lege Transparent- oder Butterbrotpapier auf die Vorlage und pause das Motiv mit einem weichen Bleistift (Härtegrad HB oder B) ab. Dann wendest du das Transparentpapier und legst es mit der bemalten Fläche auf den Fotokarton, die Pappe, den Stoff oder Filz. Fahre jetzt mit einem harten Bleistift (Härtegrad H) die Linien nach, die sich dadurch auf das Material durchdrücken.

KLEINE NÄHARBEITEN

Mit dem Heftstich (Vorstich) lassen sich Motivteile verbinden. Er ist der einfachste Stich und reicht für die Näharbeiten in diesem Buch völlig aus. Fädle etwas Garn auf die Nadel, lass ein Fadenende länger hängen und verknote es. Stich mit der Nadel in die Stofflagen und mit ein paar Millimetern Abstand wieder aus.

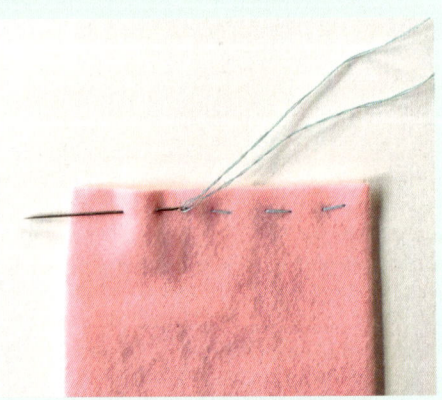

PAPPE SCHNEIDEN

Zeichne die gewünschte Form zuerst mit Bleistift auf die Pappe; verwende ggf. ein Lineal. Feste Pappe schneidest du am besten mit einem Cuttermesser auf einer Schneideunterlage. Lass dir dabei von einem Erwachsenen helfen.

KLEBER

Mit Bastelkleber kannst du Wattekugeln, Perlen und andere Kunststoffteile aufkleben. Ein Klebestift eignet sich prima für Papier und flächige Klebeprojekte. Mit der Niedertemperatur-Klebepistole kannst du auch größere Teile stabil ankleben. Der Kleber wird sehr schnell hart. Lass dir dabei immer von einem Erwachsenen helfen. Mit Stoffkleber kannst du Filzteile aufkleben oder zwei Schichten Stoff zusammenkleben.

PERMANENTMARKER

Diese Lackmalstifte decken toll und man kann mit ihnen auf fast allen Oberflächen schreiben und malen. Deshalb eignen sie sich prima z. B. zum Aufmalen von Pferdegesichtern.

WOLLHAARE

Wickle die Wolle ca. 10-mal um mehrere Finger oder die Handfläche und ziehe sie dann ab. Knote einen ca. 20 cm langen Faden mittig um das Knäuel. Dann schneidest du die Schlaufen rechts und links davon auf.

ACRYLFARBE

Acrylfarbe lässt sich leicht auftragen und trocknet sowohl auf Plastik als auch auf allerlei beschichteten Oberflächen. Gib immer etwas Acrylfarbe auf einen Pappteller, so kannst du sie leichter mit dem Pinsel aufnehmen und auch mischen.

HEXENTREPPE

Klebe zwei gleich lange Streifen Papier oder Fotokarton an einem Ende im rechten Winkel mit Klebestift zusammen. Falte anschließend immer den unteren Streifen senkrecht über den oberen Streifen. Am Ende der Hexentreppe klebst du die Streifenenden mit Klebestift zusammen.

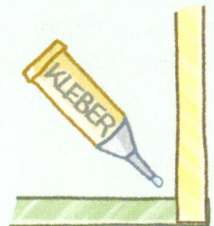
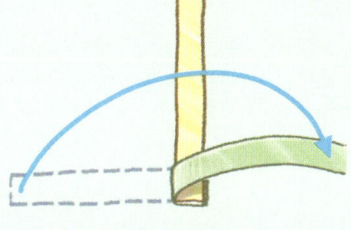
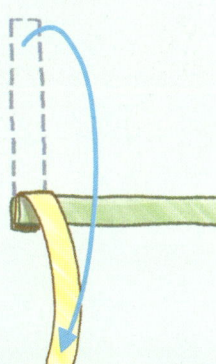

Pferdeparty

am 12. Juni
um 15:00

Ich freue mich auf dich!

Lea

EINLADUNG
MIT ZUCKERHALFTER

MATERIAL

Fotokarton in Weiß, A4, und in Hellbraun, A5 ♡ Wackelaugen, ø 1 cm
Zuckerkette, 35 cm lang ♡ Klebefilm ♡ Klebestift ♡ Lochzange

Vorlagen Seite 58

ANLEITUNG

1 Übertrage mithilfe der Vorlage den Pferdekopf einmal auf weißen Fotokarton, die Mähne und den Schopf jeweils einmal auf braunen Fotokarton. Schneide die Teile aus. Klebe Mähne, Schopf und das Wackelauge mit Klebestift auf den Kopf.

2 Stanze mit einer Lochzange an den Markierungen jeweils ein Loch mit 2 mm Durchmesser. Schneide das Gummiband der Zuckerkette durch und lege die Zuckerringe in eine Schale. Schneide von dem Gummiband ein 10 cm und ein 15 cm langes Stück zurecht. Fädle auf das kürzere Stück Gummi 6–7 Zuckerringe, auf den längeren Gummi 14 Zuckerringe.

3 Befestige nun die kurze Zuckerkette an der Schnauze, die lange am Hals. Fädle dazu zunächst ein Ende der Gummis von vorn durch ein Loch und klebe es auf der Rückseite mit Klebefilm fest. Anschließend fädelst du jeweils das zweite Ende durch das passende Loch und klebst es auf der Rückseite fest.

4 Zum Schluss schreibst du deinen Einladungstext auf die Rückseite des Pferdekopfs.

FRÖHLICHE REITER-CUPCAKES

ZUTATEN

FÜR 20 STÜCK:

Für den Teig: 200 g Butter, zimmerwarm ♥ 250 g Zucker ♥ 1 Päckchen Vanillezucker
1 Prise Salz ♥ 4 Eier (Größe M) ♥ 500 g Mehl ♥ 1 Päckchen Backpulver ♥ Mineralwasser
mit Kohlensäure ♥ **Für die Dekoration:** 150 g Zartbitterkuvertüre ♥ 20 Biskuit-Zungen
40 Zuckeraugen ♥ 40 halbe Erdnusskerne, geschält ♥ 300 g Sahne ♥ Lebensmittelfarbe in Rosa ♥ 1 EL bunte Zuckerperlen ♥ 20 Cupcake-Förmchen (ø 7 cm)

ANLEITUNG

1 Den Backofen auf 200 °C vorheizen. Für den Teig Butter, Zucker, Vanillezucker, Salz und Eier in einer Schüssel mit dem Schneebesen gut verrühren. Mehl und Backpulver zugeben und zu einer geschmeidigen Masse verrühren. Sollte der Teig noch zu fest sein, etwas Mineralwasser unterrühren. Den Teig in die Förmchen füllen und 15 Minuten backen. Auskühlen lassen.

2 Für die Pferdeköpfe die Kuvertüre über dem heißen Wasserbad schmelzen. Fülle die flüssige Schokolade in einen Spritzbeutel mit dünner Tülle (ø 3 mm) und klebe die Zuckeraugen mit der Schokolade auf die Biskuit-Zungen. Schokolade in Streifen als Schopf aufspritzen. Setze je zwei Erdnusshälften als Ohren darauf. An der Schnauze zwei Streifen als Halfter und zwei Pünktchen als Nüstern aufspritzen.

3 Die Sahne in einer Schüssel steif schlagen und mit Lebensmittelfarbe färben. In einen Spritzbeutel füllen und mit einer Sterntülle auf die Cupcakes spritzen. Lege jeweils einen Pferdekopf auf die Sahnehaube und bestreue die Cupcakes mit Zuckerperlen.

PFERDEFREUNDE-
KETTE

MATERIAL

Plastikpferd, ca. 8 cm breit, 10 cm hoch ♡ Schraubhaken mit Öse, ø 8 mm ♡ 3-4 Papier-
strohhalme in verschiedenen Farben ♡ 12-16 Holzperlen in verschiedenen Farben, ø 6 mm,
10 mm und 12 mm ♡ 5 Pompons, ø 10 mm ♡ 2-3 Satinblüten in Rosa, ø 10 mm
Satinschleife in Rosa, 25 mm breit ♡ Filzreste in Gelb und Hellblau ♡ Bäckergarn in Rosa
Bastelkleber ♡ Kastanienbohrer ♡ Stopfnadel mit breitem Nadelöhr

ANLEITUNG

1 Bohre mit dem Kastanienbohrer oben mittig
ein Loch in das Pferd. Drehe den Schraubhaken
in das Loch. Lass dir dabei von einem Erwachsenen helfen.

2 Schneide ein 80 cm langes Stück Bäckergarn
zurecht. Fädle das Garn auf die Stopfnadel.

3 Schneide von den Papierstrohhalmen vier
ca. 2 cm lange Stücke ab. Fädle nun abwechselnd
Holzperlen, Papierstrohhalmstücke und Pompons auf das Bäckergarn; insgesamt sollten es
11-12 Teile sein. Anschließend ziehst du die Nadel durch die Öse im Schraubhaken und fädelst
erneut 11-12 Teile auf das Bäckergarn. Verknote
die Garnenden.

4 Als Dekoration kannst du eine Satinblüte und
eine Satinschleife mit Bastelkleber auf das Pferd
kleben. Du kannst auch aus Filz eine Satteldecke
oder Streifen als Gamaschen für das Pferd aus-
schneiden und ebenfalls aufkleben.

TIPP
Pferdeketten sind tolle
Mitbringsel für eine
Pferdeparty.

GESCHECKTER SCHLÜSSELANHÄNGER

MATERIAL

Filzreste in Weiß, Hellbraun, Dunkelbraun, Rosa, Hellgrau und Schwarz
Webband in Rosa-Weiß kariert, 6 mm breit, 8 cm lang ♡ Füllwatte
Textilkleber ♡ Nähnadel ♡ Nähgarn in Weiß ♡ Stecknadeln

Vorlagen Seite 58

ANLEITUNG

1 Übertrage mithilfe der Vorlage den Kopf zweimal auf weißen Filz, die Schnauze einmal sowie das Ohr zweimal auf hellbraunen Filz, den Schopf und die Mähne je einmal auf dunkelbraunen Filz, die Nüster zweimal und den Mund einmal auf rosafarbenen Filz, das Auge je zweimal auf grauen und die Pupille zweimal auf schwarzen Filz. Schneide die Teile aus.

2 Lege die beiden Kopfteile aufeinander und fixiere die Lagen mit Stecknadeln. Schiebe die Mähne seitlich zwischen die beiden Lagen. Das Karoband faltest du einmal in der Mitte und schiebst die Enden oben am Pferdekopf mittig zwischen die Lagen.

3 Nähe den Kopf an den Kanten von Hand mit Heftstichen zusammen, dabei fasst du die Mähne mit. Lass unten am Kopf eine 3 cm lange Öffnung.

4 Stopfe den Kopf durch die Öffnung mit Füllwatte; du kannst dafür das stumpfe Ende eines Bleistifts zu Hilfe nehmen. Nähe die Öffnung zu.

5 Zum Schluss klebst du die Filzteile für das Gesicht und die Schnauze sowie den Schopf mit Textilkleber auf.

TIPP
Du kannst anstatt Filzaugen auch Wackelaugen aufkleben.

LUSTIGES
LESEZEICHEN

MATERIAL

Bastelstäbchen aus Holz, 2 cm breit, 11,5 cm lang ♡ Acrylfarbe in Braun, Beige
oder Grautönen ♡ Fotokartonreste in Hellbraun, Beige oder Grautönen ♡ 2 Wackelaugen,
ø 6 mm ♡ Permanentmarker in Rosa ♡ Fineliner in Schwarz ♡ Klebestift

Vorlagen Seite 58

ANLEITUNG

1 Bemale das Bastelstäbchen auf Vorder- und Rückseite mit Acrylfarbe nach Wunsch. Gut trocknen lassen.

2 Übertrage mithilfe der Vorlage einmal die Mähne, einmal den Schopf, einmal die Schnauze und zweimal das Ohr auf Fotokarton in der Farbe deiner Wahl. Schneide die Teile aus. Die Ohren und die Mähne klebst du mit Klebestift an einem Ende auf die Rückseite des Bastelstäbchens, Schopf und Schnauze auf die Vorderseite. Anschließend klebst du die Wackelaugen auf.

3 Zum Schluss zeichnest du mit rosa Permanentmarker zwei kreisförmige Wangen und mit schwarzem Fineliner auf der Schnauze die Nüstern auf.

TIPP
Die Pferde-Lesezeichen sind schöne kleine Geschenke für Reiterfreundinnen oder ein hübsches Mitgebsel für eine Pferdeparty.

HOTTEHÜ–
GESCHENKTÜTE

MATERIAL

Papiertüte in Braun, 12 cm x 21 cm, 6 cm tief ♡ Fotokartonreste in Weiß, Schwarz, Hellbraun und Braun ♡ 2 Klebepunkte in Schwarz, ø 1 cm ♡ Klebestift

Vorlagen Seite 59

ANLEITUNG

1 Übertrage mithilfe der Vorlagen Schopf und Mähne je einmal auf braunen, die Ohren zweimal und die Schnauze einmal auf hellbraunen Fotokarton. Schneide die Teile aus.

2 Klebe den Schopf und die Ohren mit ca. 1 cm Abstand zum oberen Tütenrand, die Schnauze unten mit Klebestift auf die Vorderseite der Tüte. Die Mähne klebst du seitlich in den Zwischenraum der Tüte.

3 Übertrage das Auge mithilfe der Vorlage zweimal auf weißen Fotokarton, die Pupille auf schwarzen Fotokarton. Schneide die Teile aus und klebe sie auf die Vorderseite der Tüte. Klebe die schwarzen Klebepunkte als Nüstern auf die Schnauze.

4 Jetzt brauchst du nur noch die Geschenktüte zu füllen, den 1 cm breiten oberen Rand nach hinten zu falten und mit Klebefilm oder einem Hefter zu verschließen.

TIPP
Die Geschenktüte ist eine tolle Verpackung für deine pferdebegeisterten Freundinnen. Du kannst auch prima Mitgebsel hineinfüllen und am Ende einer Pferdeparty verschenken.

VOLLKORN-
LECKERLI

FÜR 50 STÜCK:

200 g Weizenvollkornmehl ♡ 150 g Vollkornhaferflocken ♡ 225 g Zuckerrübensirup

ANLEITUNG

1 Den Backofen auf 180 °C vorheizen. Mehl, Haferflocken und den Zuckerrübensirup in einer Rührschüssel zu einem geschmeidigen Teig vermengen, der sich gut formen lässt. Ist der Teig zu trocken, gibst du ein bisschen Wasser zu. Ist er zu feucht, rührst du etwas mehr Mehl ein.

2 Forme den Teig zu 3 cm dicken Rollen. Danach schneidest du die Rollen mit einem scharfen Messer in ca. 2 cm breite Scheiben.

3 Lege die Scheiben auf ein mit Backpapier ausgelegtes Blech und backe sie zehn Minuten. Auskühlen lassen. Die Leckerli werden beim Backen dunkler und härter. Lass sie einen Tag ruhen, bevor du sie verwendest. Sie schmecken übrigens Pferd und Reiter!

TIPP

Schön verpackt sind die Leckerli auch ein schönes Geschenk für Reiterfreunde.

HÜBSCHES STALLSCHILD

2 Pappteller, 13 cm x 20 cm ♡ Webband in Hellblau, 1 cm breit, 70 cm lang ♡ Masking Tape in Pink gemustert und in Weiß mit blauen Punkten ♡ Geschenkpapier in Hellblau-Weiß kariert, 13 cm x 7 cm ♡ Pferdefoto, 9 cm x 6,5 cm ♡ Holzbuchstaben für den Namen in Schwarz, 3 cm hoch ♡ Klebestift ♡ Bastelkleber ♡ Klebefilm ♡ Lochzange

ANLEITUNG

1 Klebe das Geschenkpapier mit Klebestift mittig auf den ersten Pappteller. Um das Geschenkpapier herum klebst du einen Rahmen aus pinkfarbenem Masking Tape und auf den Rand des Tellers, jeweils zwischen die Ecken, Streifen aus weiß-blauem Masking Tape. Klebe den Namen aus Holzbuchstaben mit Bastelkleber auf das Schild.

2 Klebe das Pferdefoto mittig auf den zweiten Pappteller. Rund um das Foto klebst du pinkfarbenes Masking Tape. Die Ränder beklebst du mit blau-weißem Masking Tape.

3 Stanze mit der Lochzange je ein Loch in die Ecken des Namensschilds. In das Schild mit dem Foto stanzt du nur an der Oberkante links und rechts je ein Loch.

4 Schneide zwei jeweils 7 cm lange Stücke Webband zurecht. Fädle ein Stück von hinten durch das linke Loch des Fotoschilds, danach von vorn durch das linke untere Loch am Namensschild. Klebe die Enden auf der Rückseite mit Klebefilm fest. Wiederhole den Schritt auf der rechten Seite.

5 Schneide für den Aufhänger ein 50 cm langes Stück Webband zurecht. Fädle die Enden jeweils von vorn durch die beiden Löcher an der Oberkante des Namensschilds und klebe sie auf der Rückseite mit Klebefilm fest.

STECKENPFERD, GALOPP!

MATERIAL

Fotokarton in Braun, 60 cm x 80 cm, in Hellbraun 2x A4 und in Rosa, 2x A5
Fotokartonrest in Weiß ♡ Holzstiel, ø 3 cm, 100 cm lang ♡ Permanentmarker in Schwarz
Bastelkleber

Vorlagen Seite 60

ANLEITUNG

1 Übertrage den Kopf mithilfe der Vorlage zweimal auf braunen Fotokarton. Schneide die Teile aus. Aus hellbraunem Fotokarton schneidest du 25 Streifen à 1 cm x 20 cm zurecht. Falte jeden Streifen so zur Hälfte, dass die Streifenenden nicht exakt übereinanderliegen. Klebe die Streifen mit den Enden nach außen als Mähne und Schopf auf die Innenseite eines Kopfteils.

2 Schneide mithilfe der Vorlage die Augen zweimal aus weißem und das Halfter zweimal aus rosafarbenem Fotokarton aus. Klebe die Teile jeweils auf die Außenseite der Pferdekopfteile. Achte darauf, dass du ein Kopfteil spiegelverkehrt bearbeitest.

3 Male Pupille, Wimpern, Nüstern und Maul mit schwarzem Permanentmarker auf.

4 Klebe die beiden Kopfteile an den Rändern aufeinander, lass die untere Kante am Hals offen. Hier steckst du zum Schluss den Holzstiel für das Steckenpferd hinein.

23

MINI-
PFERDEBOX

45 Bastelstäbchen, 1 cm breit, 11,3 cm lang 6 ♡ 16 Wattestäbchen
5 Schaschlikspieße ♡ Holzleim

ANLEITUNG

1 Für die Rückwand klebst du elf Bastelstäbchen jeweils an den langen Kanten zu einer Wand zusammen. Am linken und rechten Rand jeweils ein Bastelstäbchen senkrecht aufkleben.

2 Für die beiden Seitenwände jeweils vier Bastelstäbchen an den langen Kanten zusammenkleben. Klebe am linken und rechten Rand jeweils ein Bastelstäbchen senkrecht auf. Als oberen Abschluss ein Stäbchen waagerecht aufkleben. Auf der Innenseite jeweils acht Wattestäbchen mit 1 cm Abstand als Gitterstäbe ankleben.

3 Schneide für die Stallvorderseite vier Bastelstäbchen mittig durch. Sechs Hälften an den langen Kanten zusammenkleben. Ein halbes Stäbchen hochkant zwischen dem dritten und vierten Stäbchen als Ablage aufkleben (siehe Foto). Drei lange Stäbchen parallel zueinander im Abstand von ca. 5,5 cm auf den Tisch legen. Die halbe vordere Wand auf die beiden rechten Stäbchen kleben. Als oberen Abschluss klebst du ein Stäbchen waagerecht auf.

4 Lege die Rückwand auf die Arbeitsfläche. Klebe die beiden Seitenteile an. Trocknen lassen, dabei die Teile ggf. mit jeweils einem Bücherstapel stabilisieren. Zum Schluss klebst du die Vorderseite an.

5 Für die Zaunelemente je einen Schaschlikspieß und ein Bastelstäbchen in zwei Hälften schneiden. Lege die Stäbchenhälften mit etwas Abstand auf die Arbeitsfläche und klebe die beiden Spießhälften an den Rändern überstehend auf. Trocknen lassen. Zum Schluss den Zaun senkrecht auf ein langes Bastelstäbchen kleben.

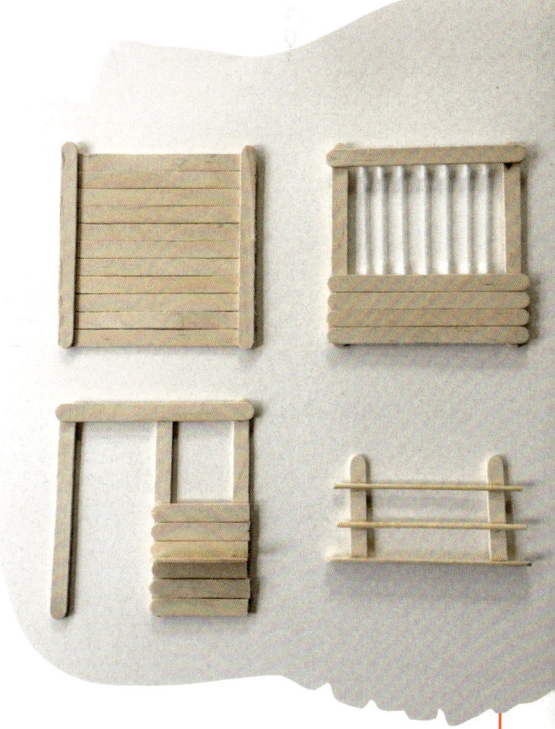

WIEHERNDES WÄRMEKISSEN

MATERIAL

FÜR DAS GRAUE KISSEN: Filz in Hellgrau, A4, in Hellbraun und Weiß, A5 ♡ Filzreste in Schwarz und Rosa ♡ Webband in Blau-Weiß kariert, 2 cm breit, 20 cm lang ♡ Filzblume in Türkis oder Rosa, ⌀ 4 cm ♡ 200–300 g Kirsch- oder Dinkelkerne ♡ Nähnadel farblich passendes Nähgarn ♡ Stecknadeln ♡ Textilkleber

Vorlagen Seite 59

ANLEITUNG

1 Übertrage für das graue Kissen mithilfe der Vorlagen zweimal den Kopf auf grauen Filz, einmal den Schopf und zweimal das Ohr auf hellbraunen Filz, zweimal das Auge und einmal die Schnauze auf weißen Filz, zweimal die Pupille auf schwarzen Filz sowie zweimal die Nüster und einmal das Maul auf rosa Filz. Schneide die Teile aus. (Für das braune Kissen die Teile gemäß Foto auf Stoff und Filz übertragen.)

2 Lege die beiden Kopfteile aufeinander und fixiere die Lagen mit Stecknadeln. Nähe die Teile an den Kanten rundherum mit Heftstichen zusammen, lass dabei unten eine 6–7 cm lange Wendeöffnung und setze die Stiche schön dicht. Wende den Kopf durch die Öffnung und bügle ihn.

3 Klebe Schopf, Ohren, Augen, Pupillen, Schnauze, Nüstern und Maul mit Textilkleber auf die Vorderseite des Kopfes. Anschließend klebst du das Webband quer über die Schnauze.

4 Fülle das Kissen mit Kirsch- oder Dinkelkernen. Nähe die Öffnung zu und fertig ist das Wärmekissen.

TIPP
Zum Wärmen legst du das Kissen zwei Minuten in die Mikrowelle oder fünf Minuten bei 180 °C in den Backofen.

REITER-
TAGEBUCH

MATERIAL

Bügelperlen in Weiß, Türkis, Gelb, Grün, Rosa, Violett, Blau und Schwarz
Steckplatte, 15 cm x 15 cm ♡ Masking Tape (optional)
Notizbuch, A4 ♡ Backpapier ♡ Kraftkleber ♡ Bügeleisen

ANLEITUNG

1 Sortiere die Bügelperlen der Farbe nach. Ordne die Bügelperlen auf der Steckplatte zu einem Pferdekopf (siehe Foto). Beginne mit der unteren Reihe und arbeite dich Reihe für Reihe nach oben.

2 Lege ein Stück Backpapier über das Bügelperlenmotiv und bügle die Perlen nach Herstelleranleitung. Entferne anschließend das Backpapier. Abkühlen lassen.

3 Klebe das Pferdemotiv mit der nicht gebügelten Seite nach oben zeigend mit Kraftkleber auf das Notizbuch. Trocknen lassen. Zum Schluss kannst du das Heft noch mit Masking Tape verzieren.

TIPP
Wenn du den Pferdekopf nach dem Abkühlen nicht sofort weiterverarbeitest, beschwerst du ihn am besten mit einem Buch, damit er sich nicht wölbt.

BE MY PONY!

MATERIAL

Gurtband in Mint, 25 mm breit, 2 m lang, und in Pink, 25 mm breit, 1,10 m lang
2 Rundringe, ø 5 cm ♡ Webband in Braun mit Herzen in Rosa, 12 mm breit, 1,10 m lang
Textilkleber ♡ Nähmaschine

ANLEITUNG

1 Schneide von dem pinkfarbenen Gurtband und von dem Webband jeweils ein 25 cm langes und ein 80 cm langes Stück zurecht. Erhitze alle Gurtbandenden (auch die des mintfarbenen Gurtbands) mit einem Feuerzeug, damit sie nicht ausfransen. Lass dir dabei von einem Erwachsenen helfen.

2 Lege die Webbandstücke jeweils mittig auf die entsprechenden Gurtbandstücke und nähe sie an den langen Kanten an. Lass dir dabei von einem Erwachsenen helfen. Du kannst die Webbandstücke auch mit Textilkleber aufkleben.

3 Fädle die Enden des kurzen pinkfarbenen Gurtbands jeweils 3 cm weit in einen Rundring, lege sie zu Schlaufen um den Ring und nähe sie fest. Wiederhole den Schritt mit dem langen pinkfarbenen Gurtband. Achte darauf, dass die Bänder nicht in sich verdreht sind, und die Vorderseiten mit dem Webband auf dieselbe Seite zeigen.

4 Zum Schluss fädelst du die Enden des mintfarbenen Gurtbands durch die Ringe, legst sie zu Schlaufen und nähst sie fest. Setze im Abstand von 1 cm neben jeder Naht noch eine Naht, damit die Nähte schön stabil sind. Fertig ist dein Pferdegeschirr. Leg es an und ihr könnt losgaloppieren.

PONYGLÜCK-TASCHE

2 Pappteller in Weiß, ø 24 cm ♡ Fotokartonreste in Weiß, Hellrosa und Rosa
Wollreste in Rosa und Hellrosa ♡ Geschenkband in Rosa-Weiß kariert, 5 mm breit,
8 cm lang und 16 mm breit, 1 m lang ♡ Acrylfarbe in Beige und Hellbraun
Permanentmarker in Schwarz ♡ Bastelkleber

Vorlagen Seite 61

ANLEITUNG

1 Schneide einen Pappteller in zwei gleich große Hälften. Übertrage mithilfe der Vorlagen viermal das Bein, einmal den Kopf und zweimal das Ohr auf den zweiten Pappteller, positioniere den geriffelten Tellerrand am oberen Hals und Kopf sowie an den Hufen. Schneide die Teile aus. Bemale die Mähne in Beige, die übrigen Teile in Hellbraun. Gut trocknen lassen.

2 Übertrage mithilfe der Vorlage zweimal das Auge auf weißen und einmal die Sattelteile auf rosa bzw. hellrosa Fotokarton. Schneide die Teile aus und klebe sie auf.

3 Wickle für den Schopf zwei Wollfäden in Rosa und Hellrosa um drei Finger, für den Schweif um die Handfläche und arbeite die Wollhaare wie auf Seite 5 beschrieben.

4 Klebe jeweils zwei Beine an den schmalen Enden versetzt zusammen. Trocknen lassen. Klebe Schweif, Kopf, Beine und das lange Band auf die Innenseite einer Taschenhälfte. Zum Schluss klebst du die andere Taschenhälfte darauf und lässt alles gut trocknen.

5 Klebe nun Ohren, Augen, Schopf und das kurze Band auf den Kopf. Zeichne zum Schluss mit Permanentmarker Pupillen, Wimpern, Hufe und Nüstern auf.

MINI-MÖHRENKEKSE

ZUTATEN

FÜR 40 STÜCK:

Für den Teig: 200 g Butter ♡ 100 g Zucker ♡ 300 g Mehl (Type 405) plus etwas für die Arbeitsfläche ♡ 1 Ei (Größe M) **Für die Dekoration:** 1 Eiweiß ♡ 250 g Puderzucker, gesiebt ♡ Lebensmittelfarbe in Orange und Grün ♡ Ausstecher in Möhrenform

ANLEITUNG

1 Die Butter in einem Topf bei geringer Hitze schmelzen. Verrühre Zucker, Mehl, das Ei und die flüssige Butter in einer Schüssel mit den Rührbesen des Handrührgeräts zu einem glatten Teig. In Frischhaltefolie wickeln und eine Stunde in den Kühlschrank legen.

2 Den Backofen auf 150 °C vorheizen. Rolle den Teig auf der bemehlten Arbeitsfläche ca. 7 mm dick aus. Möhren ausstechen und auf ein mit Backpapier ausgelegtes Backblech legen. 10 Minuten backen. Auskühlen lassen.

3 Schlage das Eiweiß in einem Rührbecher leicht auf. Puderzucker zufügen und zu einem Zuckerguss verrühren. Färbe ein Drittel des Zuckergusses in einem Schälchen mit Lebensmittelfarbe grün, die restlichen zwei Drittel mit Lebensmittelfarbe orange.

4 Bestreiche die Kekse mit dem Zuckerguss. Den Guss über Nacht trocknen lassen.

COOLE PFERDE-BROSCHE

Fimo® kids in Dunkelbraun, Hellbraun, Beige, Rosa, Schwarz, Weiß und Hellgrau,
je 1-2 Blöcke ♡ Broschennadel, 25 mm lang ♡ Backpapier ♡ Klebstoff
Küchenmesser ♡ Bastelschere ♡ Teigroller

Vorlagen Seite 59

ANLEITUNG

1 Knete die Modelliermasse für Kopf und Schnauze gut durch und rolle sie mit dem Teigroller ca. 6 mm dick auf Backpapier aus. Lege jeweils die Vorlage für Kopf und Schnauze auf. Schneide die Teile mit einem Küchenmesser aus. Entferne die Vorlagen und glätte die Schnittkanten mit dem Finger. Lass den Kopf auf dem Backpapier liegen und lege die Schnauze passend darauf.

2 Für die Augen rollst du zwei weiße Kugeln mit 1 cm Durchmesser und formst sie zu einem flachen Oval. Für die Pupillen rollst du zwei schwarze Kugeln mit 4 mm Durchmesser und drückst sie auf das Auge. Drücke die Augen auf den Kopf.

3 Für die Ohren formst du einen ca. 6 cm langen Strang, der an den Enden spitz zuläuft. Schneide ihn mittig durch und drücke in beide Teile mit der stumpfen Seite einer Scherenklinge eine längliche Vertiefung hinein. Bringe die Ohren mit den breiten Seiten am Kopf an.

4 Forme je einen 3 mm dünnen rosa Strang für Nasenband und Maul. Lege das Nasenband auf die Oberkante der Schnauze, das Maul darunter und zupfe beide auf die richtige Länge zurecht.

5 Für die Nüstern rollst du zwei rosa Kugeln mit 6 mm Durchmesser und drückst sie passend auf die Schnauze. Für den Schopf rollst du sehr dünne, ca. 2 cm lange Stränge und legst sie zwischen die Ohren.

6 Lass die Pferdebrosche bei 110 °C im Ofen 30 Minuten härten und danach auskühlen. Klebe die Broschennadel mit Klebstoff auf der Rückseite fest.

LEUCHTE, MEIN PONY!

MATERIAL

Papierlaterne (Lampion), ø 20 cm ♡ Fotokarton in Hellbraun, 2x A4 ♡ Fotokartonrest in Dunkelbraun ♡ 4 Schraubverschlüsse, ø 3 cm ♡ Acrylfarbe in Braun und Schwarz Permanentmarker in Schwarz und Weiß ♡ Klebestift ♡ Niedertemperatur-Klebepistole batteriebetriebener Laternenstab

Vorlagen Seite 61

ANLEITUNG

1 Bemale die Papierlaterne mit brauner Acrylfarbe. Das Papier wird dadurch leicht schrumpelig, glättet beim Trocknen aber wieder. Die Schraubverschlüsse bemalst du mit schwarzer Acrylfarbe. Trocknen lassen.

2 Übertrage die Vorlage für Kopf und Schweif je einmal auf hellbraunen Fotokarton. Mähne und Schopf überträgst du je zweimal auf dunkelbraunen Fotokarton. Schneide die Teile aus. Klebe Mähne und Schopf mit Klebestift auf den Kopf. Danach schneidest du den Fotokarton am Hals und am Schweif an den markierten Stellen ein. Zeichne mit Permanentmarker Augen, Maul und Nüstern auf den Kopf.

3 Schneide aus hellbraunem Fotokarton acht 2,5 cm x 29 cm große Streifen zurecht. Falte daraus vier Hexentreppen (siehe Grundanleitung Seite 5)

4 Klebe die Schraubdeckel jeweils mit der Klebepistole als Hufe an ein Ende der Hexentreppen. Lass dir dabei von einem Erwachsenen helfen. Klebe die Hexentreppen anschließend als Beine an die Unterseite der Laterne.

5 Klebe Kopf und Schweif mit der Klebepistole an den Laschen an die Laterne. Befestige die Laterne zum Schluss an dem Laternenstab.

PFERDE-
UTENSILO

MATERIAL

leere Konservendose (800 ml Inhalt) ♡ Acrylfarbe in Hellblau ♡ Fotokarton in Braun
und Hellbraun, je A4 ♡ Fotokartonreste in Blau, Weiß und Rosa ♡ Klebestift
Bastelkleber ♡ Permanentmarker in Schwarz

Vorlagen Seite 60

ANLEITUNG

1 Reinige die Konservendose gründlich und lass sie trocknen. Bemale die Dose mit hellblauer Acrylfarbe. Eventuell musst du sie zweimal anmalen, damit die Farbe gut deckt. Trocknen lassen.

2 Übertrage mithilfe der Vorlagen den Kopf einmal auf den braunen, Schopf und Schweif auf den hellbraunen Fotokarton. Ohr und Nüster überträgst du je zweimal auf rosafarbenen, das Halfterband einmal auf blauen und das Auge zweimal auf weißen Fotokarton. Schneide die Teile aus.

3 Klebe Schopf, Ohren, Augen, Halfter und Nüstern mit Klebestift auf die Vorderseite des Kopfes. Zeichne mit schwarzem Permanentmarker Pupillen und Wimpern.

4 Klebe den Kopf mit Bastelkleber auf die Vorderseite der Dose und den Schweif auf die Rückseite.

TIPP

In der Dose kannst du Stifte und allerlei Kleinkram aufbewahren. Du kannst sie aber auch prima als Geschenkverpackung verwenden.

LUCKY HORSE

MATERIAL

2 Socken in Weiß-Lila geringelt ♡ gemusterter Baumwollstoff, 8 cm x 12 cm
2 Knöpfe in Türkis, ø 15 mm ♡ Wollrest in Gelb ♡ Füllwatte
Nähnadel ♡ Nähgarn

Vorlagen Seite 58

ANLEITUNG

1 Schneide für den Kopf die Spitze einer Socke bis zur Ferse ab. Vom restlichen Sockenstück schneidest du die Ferse ab, sodass ein Schlauch mit geraden Enden entsteht. Das wird später der Pferdebauch.

2 Wende die zweite Socke auf links. Übertrage auf diesemithilfe der Vorlagen zweimal das Ohr, viermal das Bein und einmal den Schweif. Schneide die Teile aus.

3 Stopfe Füllwatte in den Kopf und nähe ihn mit Heftstichen zu. Nun nähst du ein Ende des Pferdebauchs zu, stopfst den Schlauch gut mit Füllwatte und nähst anschließend das andere Ende zu.

4 Nähe jetzt die Beine und Ohren rechts auf rechts an den Kanten zusammen, die obere Kante der Beine bleibt offen. Wende die Teile. Stopfe Füllwatte in die Beine. Schließe die Öffnung mit ein paar Stichen und nähe die Beine von unten an den Pferdebauch. Den Schweif nähst du hinten an den Pferderücken. Die Ohren befestigst du mit ein paar Stichen oben am Kopf.

5 Schneide aus dem Wollrest für die Mähne 20 ca. 15 cm lange Fäden und für den Schweif zehn ca. 10 cm lange Fäden zurecht. Lege die Fäden für Mähne und Schweif jeweils übereinander und knote sie mittig mit einem Faden zusammen. Nähe die Mähne am Kopf fest, die Schweifhaare nähst du hinten am Schweif fest. Zum Schluss nähst du den Kopf und den bunten Stoff als Satteldecke mit ein paar Stichen an den Körper. Die Knöpfe nähst du als Augen auf.

GARDEROBE FÜR PFERDENARREN

MATERIAL

3 Baumscheiben, ø 8–12 cm ♡ 3 Plastikpferde, 6–7 cm lang ♡ Acrylfarbe in Gelb, Hellblau, Rosa und Weiß ♡ Kastanienbohrer ♡ 3 Schraubhaken, ø 26 mm, 30 mm lang Klebstoff ♡ 3 Plakat-Ösen, ø 40 mm

ANLEITUNG

1 Bemale die Vorderseiten der Baumscheiben mit Acrylfarbe in Gelb, Hellblau und Rosa. Die Plastikpferde bemalst du mit weißer Acrylfarbe. Gut trocknen lassen.

2 Bohre mit dem Kastanienbohrer mit ca. 1 cm Abstand zum unteren Rand ein Loch für die Schraubhaken in die Baumscheibe. Lass dir dabei von einem Erwachsenen helfen. Drehe die Schraubhaken hinein.

3 Klebe die Pferde an der Rückseite mit Klebstoff auf die Baumscheiben.

4 Zum Schluss klebst du die Plakat-Ösen auf die Rückseite der Baumscheiben. Jetzt kannst du die Pferdegarderobe an der Wand aufhängen.

TIPP
Anstelle der drei Baumscheiben kannst du auch eine lange Holzleiste verwenden und Pferde sowie Schraubhaken nebeneinander anbringen.

WITZIGES
HUFEISEN-SPIEL

MATERIAL

Pappteller, ø 23 cm ♡ leere Küchenrolle ♡ Pappkarton, 6 mm stark, 50 cm x 70 cm
Acrylfarbe in Silber, Hellblau, Rosa und Hellgelb ♡ Wattekugel, ø 6 cm
Klebstoff oder starkes Klebeband ♡ Permanentmarker in Schwarz

Vorlage Seite 62

ANLEITUNG

1 Übertrage mithilfe der Vorlage sechs Hufeisen auf den Pappkarton und schneide die Teile aus. Die Hufeisen malst du mit Acrylfarbe in Silber auf beiden Seiten an. Trocknen lassen. Male die Nagellöcher mit schwarzem Permanentmarker auf.

2 Falte den Pappteller einmal zur Hälfte. Öffne ihn wieder, drehe ihn mit einer Vierteldrehung und falte ihn erneut zur Hälfte. Schneide die Faltlinien an ihrem Schnittpunkt in der Mitte des Tellers so ein und biege die Laschen so auseinander, dass eine Küchenrolle hineinpasst. Schiebe die Küchenrolle durch die Öffnung im Teller und klebe sie auf der Rückseite mit Klebstoff oder Klebeband fest.

3 Bemale Teller, Küchenrolle und Wattekugel mit Acrylfarbe und lass alles gut trocknen.

4 Klebe zum Schluss die Wattekugel mit Klebstoff auf die obere Öffnung der Küchenrolle.

TIPP
So wird gespielt: Aus einer Entfernung von 1,5 m werft ihr die Hufeisen auf die Halterung. Wer die meisten trifft, hat gewonnen!

FLIPPIGES PONY-SHIRT

MATERIAL

T-Shirt in Weiß in deiner Größe ♡ Baumwollstoff in bunt gemustert, 25 cm x 25 cm, und in Gelb, 13 cm x 13 cm ♡ 1 Halbperle in Schwarz, ø 8 mm Textilkleber ♡ Vliesofix®, 35 cm x 40 cm

Vorlagen Seite 62

ANLEITUNG

1 Übertrage die Vorlagen für Pony, Mähne und Schweif zuerst auf Vliesofix®; lege dazu das Vliesofix® mit der rauen Seite auf die Vorlage und zeichne die Linien mit Bleistift nach.

2 Schneide die Motive grob aus. Lege das Pony mit der rauen Seite auf die linke Seite des bunten Stoffs, Mähne und Schweif legst du auf die linke Stoffseite des gelben Stoffs. Bügle die Vliesofix®-Zuschnitte auf; lass dir dabei von einem Erwachsenen helfen. Auskühlen lassen.

3 Schneide das Pony, die Mähne und den Schweif mit einer Schere entlang der aufgezeichneten Linien exakt aus.

4 Zieh das Trägerpapier vom Vliesofix® ab und lege die Pony-Teile mit der beschichteten Seite passend auf das T-Shirt. Bügle die Teile mit leichtem Druck auf.

5 Klebe die Halbperle mit Textilkleber als Auge auf.

TIPP

Anstatt die Pony-Teile mit Vliesofix® aufzubügeln, kannst du sie mithilfe der Vorlagen auch gleich aus dem entsprechenden Stoff zuschneiden und mit Textilkleber auf das T-Shirt kleben.

HAPPY
HAFLINGER

MATERIAL

3 leere Klorollen ♡ Niedertemperatur-Klebepistole ♡ Bastelkleber ♡ Wattekugel, ø 4 cm
Graupappe, 2 mm stark, A5 ♡ Acrylfarbe in Braun ♡ Permanentmarker in Weiß und
Schwarz ♡ Kieselstein, ø 3–4 cm ♡ Krepppapier in Gelb ♡ Satinband in Pink, 6 mm breit,
40 cm lang ♡ Baumwollstoff in Rosa-Weiß kariert, 6 cm x 15 cm

Vorlagen Seite 62

ANLEITUNG

1 Schneide für den Hals eine Klorolle längs auf und drehe sie zu einer schmaleren Rolle (ø 3,5 cm). Klebe die Kanten mit der Klebepistole zusammen.

2 Schneide für den Kopf die zweite Klorolle längs auf. Schneide ein Drittel davon ab. Gib etwas Bastelkleber auf den unteren Rand der Klorolle und lege die Kante so um die Wattekugel, dass diese zur Hälfte herausschaut. Klebe die Seiten mit der Klebepistole zusammen.

3 Übertrage viermal das Bein und zweimal das Ohr auf Graupappe. Schneide die Teile aus. Male Beine, Ohren, Hals und Kopf sowie die dritte Klorolle für den Körper braun an. Trocknen lassen.

4 Male mit Permanentmarkern Augen und Hufe auf. Klebe die Pferde-Teile mit der Klebepistole zusammen. Achte darauf, dass die Beine denselben Abstand zum Boden haben. Schiebe den Stein von hinten in den Körper und klebe ihn mit der Klebepistole fest. Jetzt steht das Pferd stabil.

5 Schneide 40 Krepppapierstreifen zurecht (1 cm x 15 cm). Fasse für den Schweif 20 Streifen zusammen, verdrehe auf einer Seite die Enden und gib etwas Bastelkleber darauf. Lege für die Mähne die übrigen Streifen übereinander und binde sie mit einem Extrastreifen mittig ab. Klebe Mähne und Schweif an das Pferd. Knote aus dem Satinband ein Halfter und klebe den Stoff als Satteldecke auf.

BUNTE TURNIERSCHLEIFEN

Tonpapier in Orange, Rosa und Koralle, je A4 ♡ Niedertemperatur-Klebepistole
Papiermuffinformen in verschiedenen Farben, 3x ⌀ 6 cm und 3x ⌀ 4 cm ♡ Klebestift
Klebezahlen 1, 2 und 3 in Schwarz ♡ Satinband in Hellgrün, Orange und Pink,
20 mm breit, 3x 20 cm lang ♡ 3 Broschennadeln, 25 mm lang

ANLEITUNG

1 Schneide pro Turnierschleife zwei
5 cm x 29 cm große Streifen aus Tonpapier
in der Farbe deiner Wahl. Beginne an einer
schmalen Kante, die Streifen immer 5 mm
nach vorn und nach hinten zu falten, sodass
eine Ziehharmonika entsteht. Klebe die Streifen
an den schmalen Kanten mit der Klebepistole
zu einer kreisförmigen Rosette zusammen.

2 Schneide pro Rosette zwei 5 cm x 5 cm große
Stücke Tonpapier zu. Klebe auf jede Seite der
Rosette ein Tonpapierstück auf; sie geben der
Rosette mehr Festigkeit.

3 Klebe je eine große Muffinform mit Klebestift
auf je eine Rosette. Die kleine Muffinform klebst
du mittig in die große. In die Mitte der kleinen
Muffinform klebst du jeweils eine Klebezahl.
Streiche die Ränder der Muffinformen flach.

4 Falte die Satinbänder zur Hälfte und klebe
sie mit der Umbruchkante auf der Rückseite
je einer Rosette an. Zum Schluss klebst du die
Broschennadeln mit der Klebepistole auf der
Rückseite fest.

LECKERE PFERDEKOPPEL

ZUTATEN

2 flache Schokoladenkuchen (Fertigprodukt), je 24 cm x 12 cm ♡ 200 g Vollmilchkuvertüre
32 Schokogebäckstäbchen ♡ 400 g Marzipanrohmasse ♡ 4 EL Puderzucker
4 Marzipan-Möhren (Fertigprodukt) ♡ Lebensmittelfarbe in Grün ♡ Plastikpferde nach Wunsch

ANLEITUNG

1 Ordne die flachen Kuchen auf einer recht-eckigen Kuchenplatte nebeneinander an.

2 Die Kuvertüre über dem heißen Wasserbad unter Rühren bei geringer Temperatur schmel-zen. Fülle 2 EL Kuvertüre in einen kleinen Gefrierbeutel und schneide eine kleine Ecke des Beutels ab. Füge jeweils vier Schokogebäckstäb-chen auf Backpapier waagerecht und senkrecht zu einem Zaunelement zusammen (siehe Foto) und klebe sie an den Schnittstellen mit der Kuver-türe aus dem Beutel zusammen. Trocknen lassen.

3 Verknete die Marzipanrohmasse mit dem Puderzucker und färbe sie mit Lebensmittelfarbe grün ein. In zwei Portionen teilen und jeweils zwischen zwei aufgeschnittenen Gefrierbeuteln ausrollen. Lege die beiden Streifen überlappend als Wiese auf den Kuchen. Bedecke dabei auch die seitlichen Kuchenränder.

4 Gib die restliche Kuvertüre als „Matsch" in eine Ecke des Kuchens und verstreiche sie mit einem Pinsel.

5 Stecke die Zaunelemente vorsichtig in den Kuchen und lege die Möhren als Deko auf das Marzipan. Zum Schluss stellst du die Pferde auf die Weide.

HAARSPANGEN–
MÄHNE

MATERIAL

Pappkarton, ca. 5 mm stark, 40 cm x 50 cm ♡ Acrylfarbe in Hellbraun und Beige
Bastelkleber ♡ Wolle in Beige, 50 g ♡ Permanentmarker in Weiß und Schwarz
Satinband in Türkis, 6 mm breit, 12 cm lang ♡ Plakat-Öse, ⌀ 40 mm

Vorlagen Seite 63

ANLEITUNG

1 Übertrage mithilfe der Vorlage einmal den Kopf und zweimal das Ohr auf Pappkarton. Schneide die Teile aus; dafür brauchst du eine gute Schere. Bemale die Teile mit hellbrauner Acrylfarbe, das Innere der Ohren und die Blesse malst du in Beige. Trocknen lassen.

2 Klebe die Ohren mit Bastelkleber versetzt aufeinander. Trocknen lassen. Anschließend klebst du die Ohren von hinten an den Pferdekopf.

TIPP

Du kannst deine Haarspangen und Haargummis in die Mähne stecken oder knoten. So hast du sie immer griffbereit.

3 Für die Mähne wickelst du Wolle ca. 25 Mal um ein 50 cm langes Stück Pappe. Entferne die Pappe und binde das obere Drittel des Wollknäuels mit einem Extrafaden ab. Schneide die Schlaufen an den beiden Enden auf, sodass eine Mähne entsteht.

4 Klebe die Mähne auf der Höhe der Ohren mit Bastelkleber an den Kopf. Den oberen Teil der Mähne kannst du, wenn nötig, breit gefächert am Hals ankleben. Male dem Pferd mit Permanentmarkern ein Auge und klebe das Satinband als Halfter auf.

5 Damit du den Haarspangenhalter an der Wand befestigen kannst, klebst du auf der Rückseite eine Plakat-Öse auf.

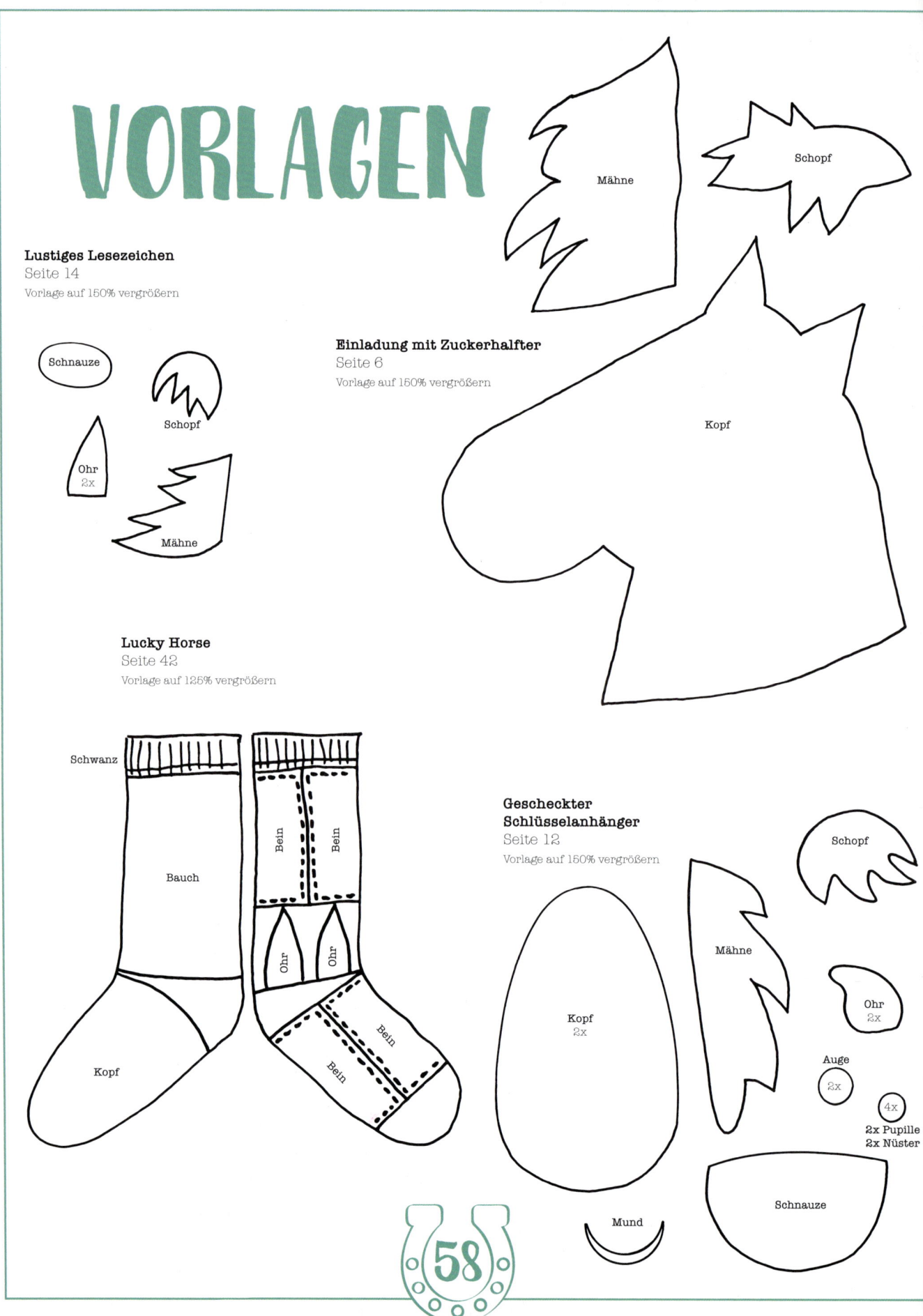

VORLAGEN

Lustiges Lesezeichen
Seite 14
Vorlage auf 150% vergrößern

Schnauze

Schopf

Ohr
2x

Mähne

Einladung mit Zuckerhalfter
Seite 6
Vorlage auf 150% vergrößern

Mähne

Schopf

Kopf

Lucky Horse
Seite 42
Vorlage auf 125% vergrößern

Schwanz

Bein

Bein

Bauch

Ohr

Ohr

Bein

Bein

Kopf

Gescheckter Schlüsselanhänger
Seite 12
Vorlage auf 150% vergrößern

Schopf

Mähne

Ohr
2x

Kopf
2x

Auge
2x

4x
2x Pupille
2x Nüster

Schnauze

Mund

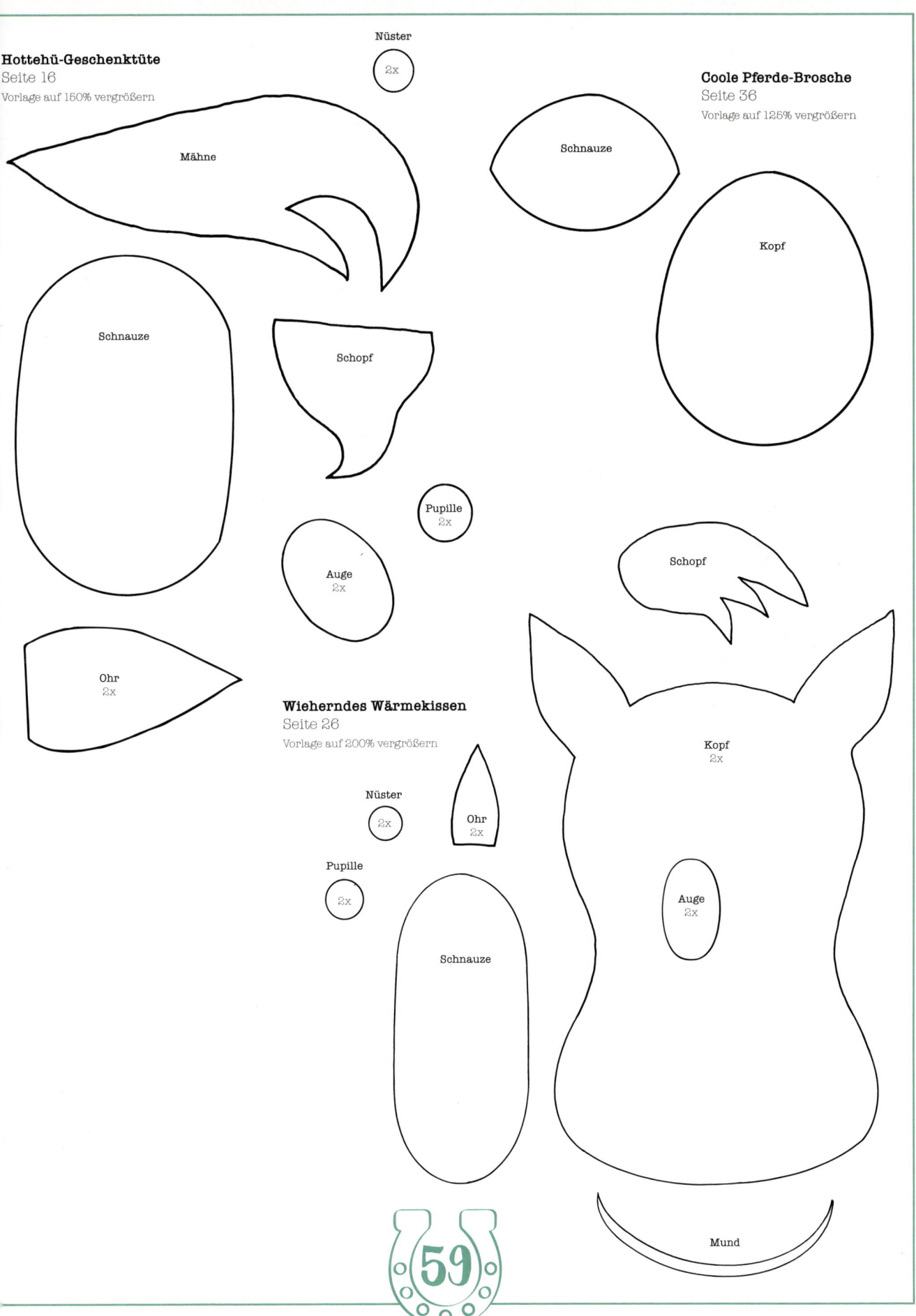

Hottehü-Geschenktüte
Seite 16
Vorlage auf 150% vergrößern

Nüster
2x

Mähne

Schnauze

Schopf

Coole Pferde-Brosche
Seite 36
Vorlage auf 125% vergrößern

Schnauze

Kopf

Pupille
2x

Auge
2x

Ohr
2x

Schopf

Wieherndes Wärmekissen
Seite 26
Vorlage auf 200% vergrößern

Nüster
2x

Ohr
2x

Pupille
2x

Schnauze

Kopf
2x

Auge
2x

Mund

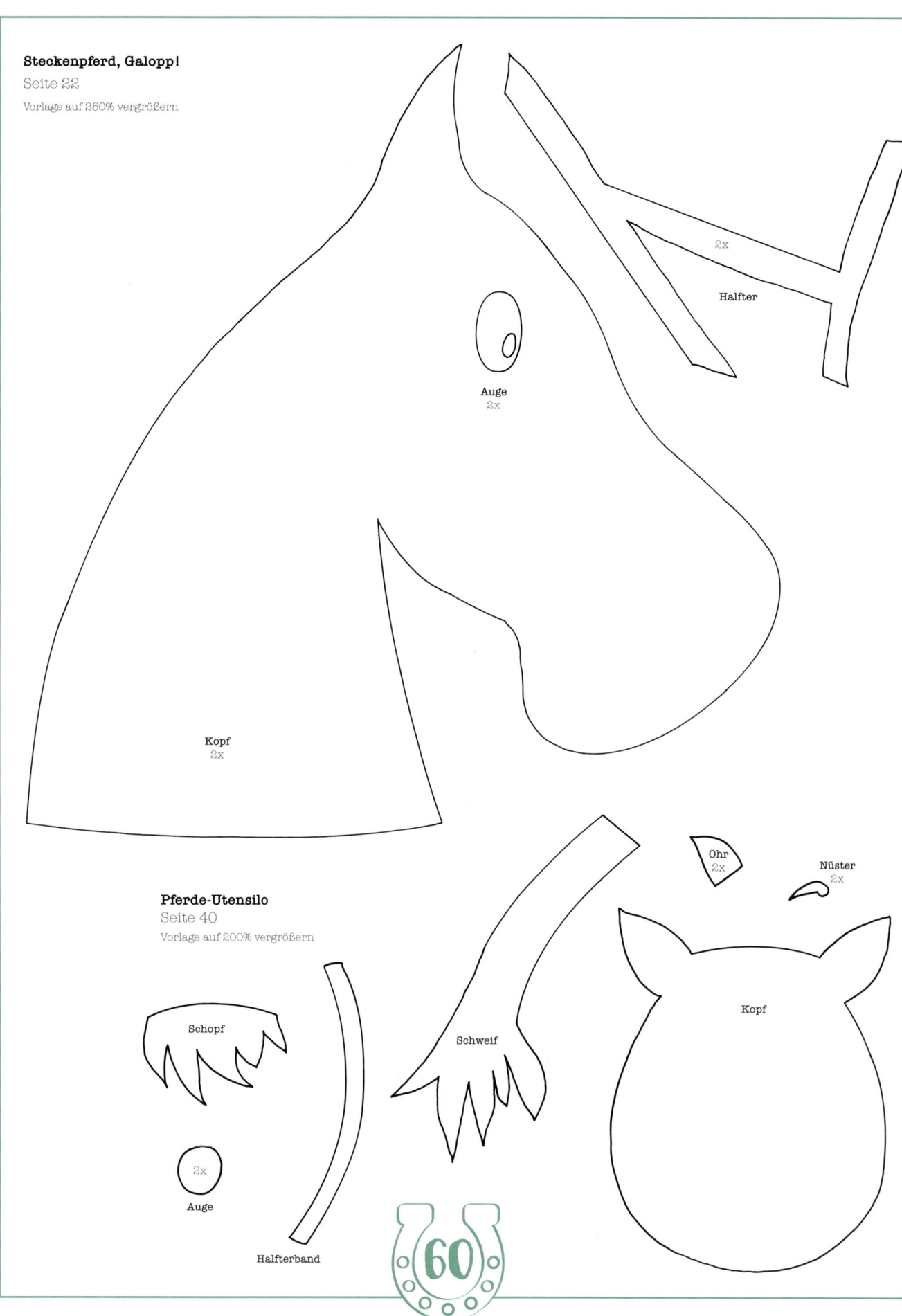

Steckenpferd, Galopp!
Seite 22
Vorlage auf 250% vergrößern

2x

Halfter

Auge
2x

Kopf
2x

Pferde-Utensilo
Seite 40
Vorlage auf 200% vergrößern

Ohr
2x

Nüster
2x

Kopf

Schopf

Schweif

2x

Auge

Halfterband

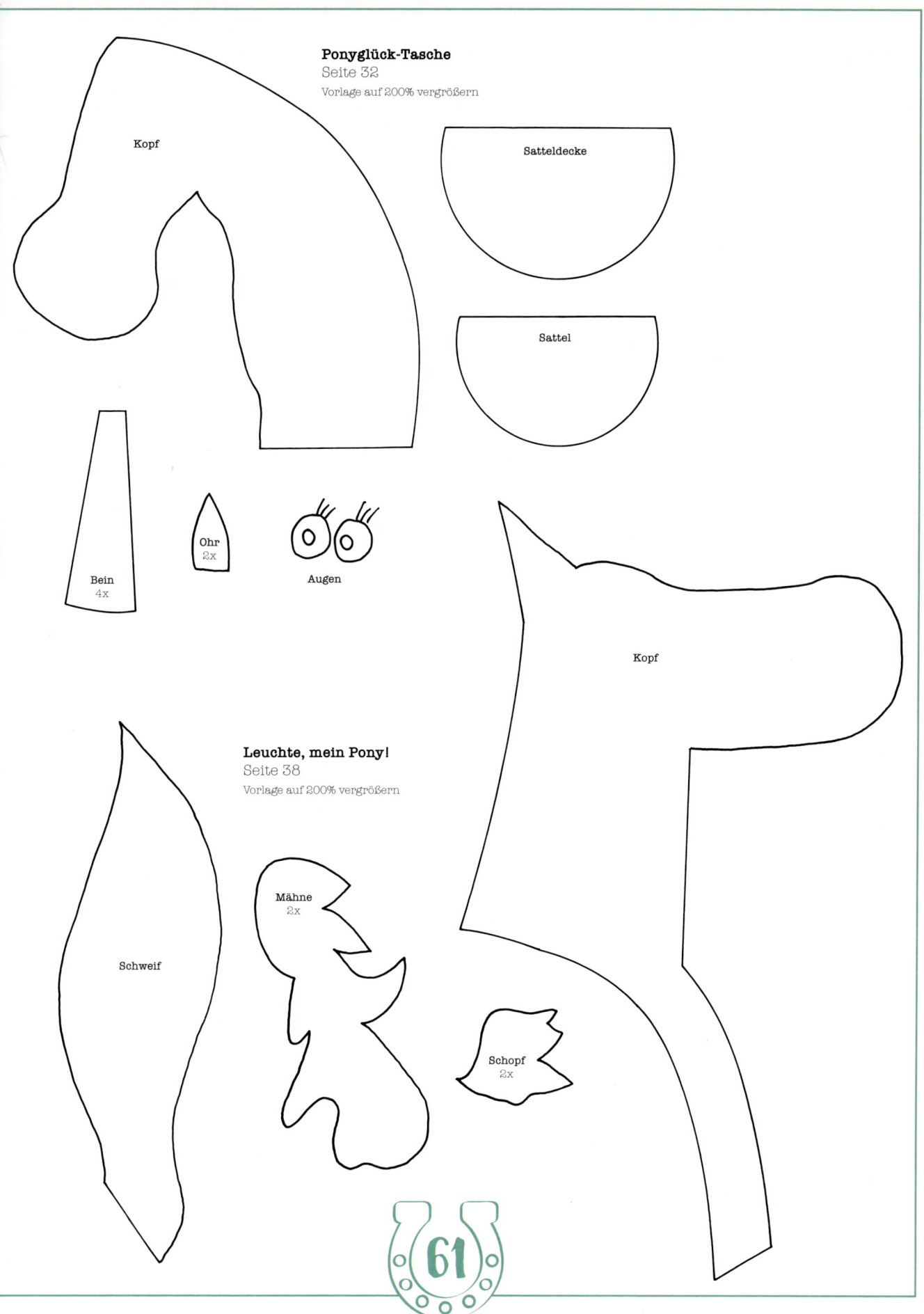

Ponyglück-Tasche
Seite 32
Vorlage auf 200% vergrößern

Kopf

Satteldecke

Sattel

Bein
4x

Ohr
2x

Augen

Kopf

Leuchte, mein Pony!
Seite 38
Vorlage auf 200% vergrößern

Schweif

Mähne
2x

Schopf
2x

61

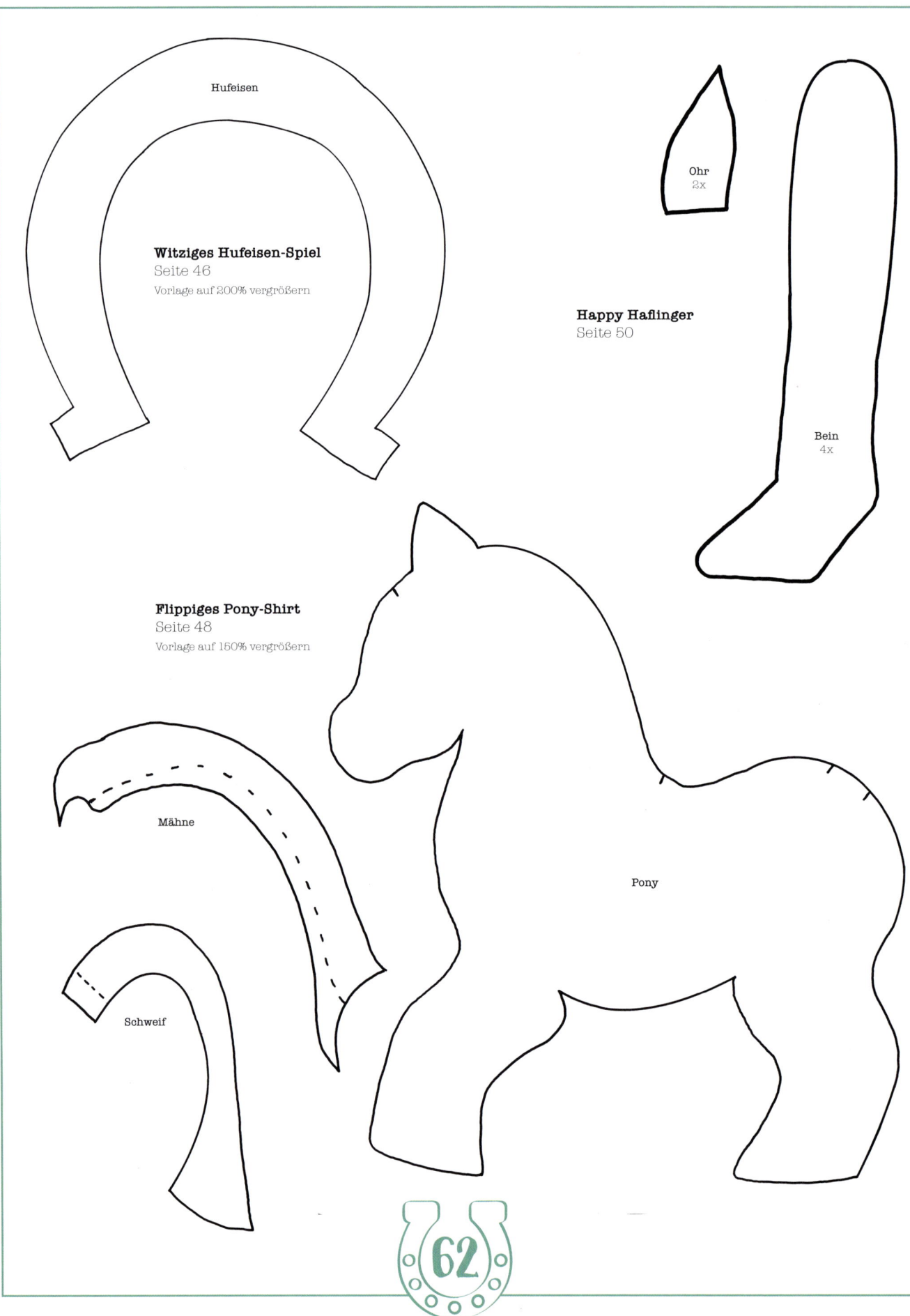

Hufeisen

Witziges Hufeisen-Spiel
Seite 46
Vorlage auf 200% vergrößern

Ohr
2x

Happy Haflinger
Seite 50

Bein
4x

Flippiges Pony-Shirt
Seite 48
Vorlage auf 150% vergrößern

Mähne

Schweif

Pony

Kopf

Ohr
2x

63

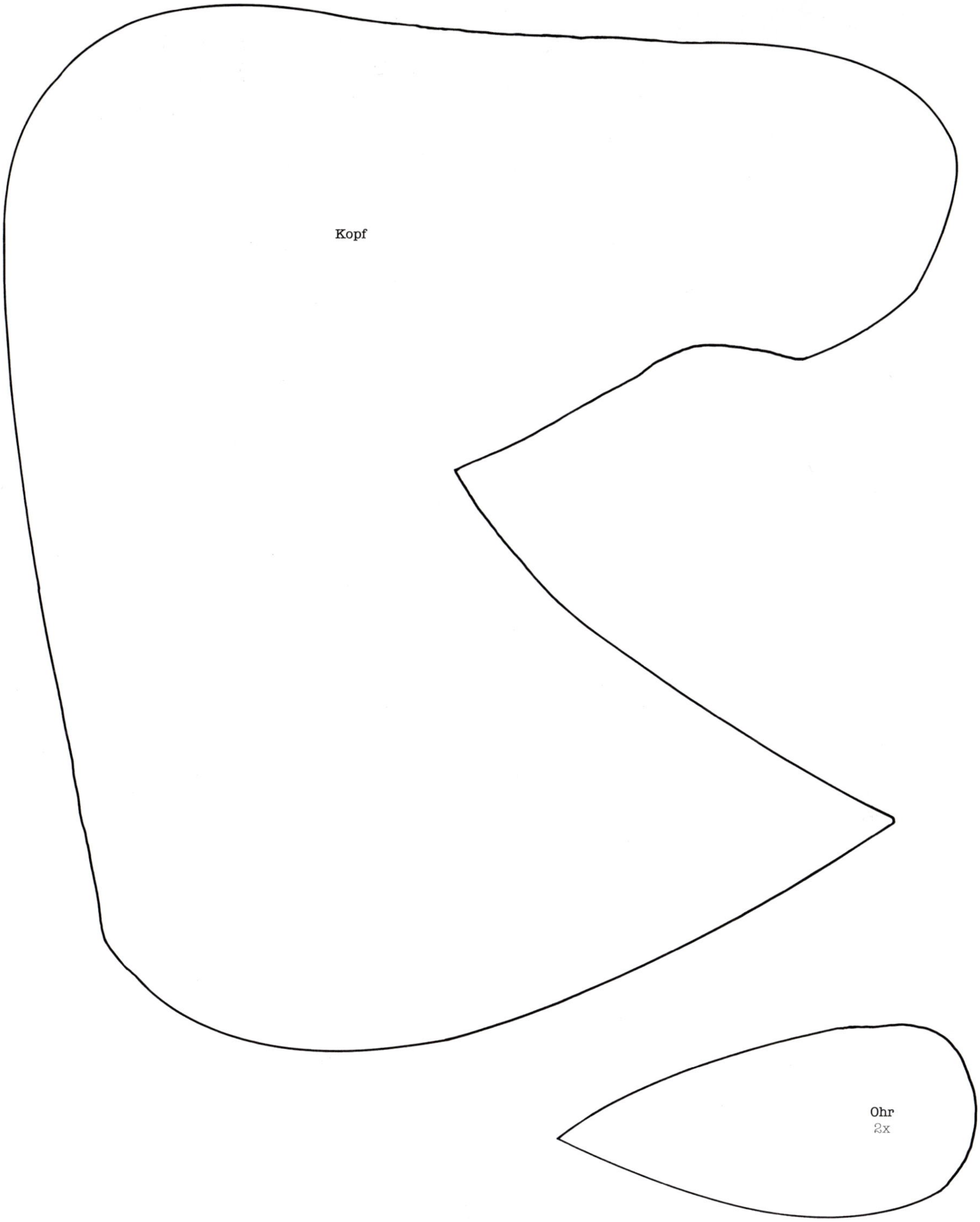

IMPRESSUM

ÜBER DIE AUTORIN

Pia Deges hat Film- und Fernsehwissenschaften studiert und lange als TV-Redakteurin gearbeitet. Seit einigen Jahren lebt sie ihre Leidenschaft für Food-, DIY- und Gartenthemen als Autorin aus. Über diese Themen bloggt sie auch unter wundertütchen.de

DANKE

Wir danken den Firmen Rayher Hobby GmbH (Laupheim), Städter GmbH (Allendorf/Lumda), Max Bringmann KG – folia (Wendelstein), STAEDTLER Mars GmbH & Co KG (Nürnberg), Rico Design GmbH & Co. KG (Brakel) und efco creative GmbH (Rohrbach) ganz herzlich für die freundliche und großzügige Bereitstellung von Materialien.

MODELLE UND SCHRITTFOTOS: Pia Deges
FOTOS: frechverlag GmbH, 70499 Stuttgart;
lichtpunkt, Michael Ruder, Stuttgart
SCHRITTILLUSTRATIONEN: Schwab: illustrationen,
Haselund (Seite 5)
PRODUKTMANAGEMENT: Janina Dieckmann
LEKTORAT: Christine Schlitt
LAYOUT UND SATZ: Konstanze Laue
DRUCK UND BINDUNG: Neografia, Slowakei

FIMO® ist eine eingetragene Marke der STAEDTLER Mars GmbH & Co KG.

4. Auflage 2020
© 2018 frechverlag GmbH, Turbinenstraße 7, 70499 Stuttgart
ISBN 978-3-7724-7954-0 · Best.-Nr. 7954